LE DUC DE BERRY

PEINT PAR LUI-MÊME,

ou

Lettres et Paroles remarquables de S. A. R. Monseigneur Charles-Ferdinand d'Artois, Fils de France, Duc de Berry.

> J'entends le cri de VIVE LE ROI ! ce cri
> que jamais Français n'a entendu de sang-froid.
> *Le Duc de Berry, à la veuve Moreau.*

SE VEND,

Au Profit de la maison des pauvres Filles-orphelines de Montpellier,

Chez Aug. SEGUIN, libraire, Place-Neuve.

1820.

A Son Altesse Royale

Mademoiselle,

Protectrice des pauvres Orphelines.

PRINCESSE AUGUSTE,

DAIGNEZ *accueillir favorablement ce recueil, qui retracera un jour à* VOTRE ALTESSE ROYALE, *les vertus du meilleur des Pères.*

Enfant bien-aimé, précurseur de l'espérance, le ciel, MADAME, vous a réservée pour la consolation des malheureux.

L'ange tutélaire de la France, Saint Louis, votre aïeul, veille, du haut des cieux, à la conservation de VOTRE ALTESSE ROYALE.

L'amour des Français vous entoure.

Une mère chérie vous reste.

Bientôt nous osons l'espérer, s'il faut en croire des pressentimens favorables, votre berceau royal sera partagé par un jeune Frère, qui paraîtra, ainsi qu'un beau Lis après l'orage, et ramenera des jours sereins et tranquilles.

Nous avons l'honneur d'être avec un profond respect,

MADAME,

DE VOTRE ALTESSE ROYALE

Les très-humbles et très-obéissantes servantes,

LES PAUVRES FILLES-ORPHELINES DE MONTPELLIER.

LE DUC DE BERRY

PEINT PAR LUI-MÊME.

A Monseigneur le Comte d'Artois.

Turin, 15 août 1791.

Avec quel plaisir nous avons appris, mon petit papa, la lettre du bon régiment de Berwick, et votre réponse, ainsi que celle de Monsieur! Oh ! que n'y suis-je ! je voudrais bien voir ces bons soldats ! Je leur dirais, comme notre bon Henri : *Camarades, si, dans la chaleur du combat, vous perdez vos drapeaux, ralliez-vous à mon panache blanc, qui ne sera jamais qu'au chemin de l'honneur.* Cette pensée me fait bouillir le sang dans les veines, mon cher papa. Marchons pour rendre la liberté à notre malheureux Roi. Trente-deux officiers du régiment de Vexin, sont arrivés à Nice, remplis de zèle et de courage; je n'en manque pas non plus, et je suis prêt à me bien battre.

BERRY.

(Le Prince avait alors 13 ans.)

(6)

A Madame de Sèrent, qui venait d'accoucher d'une fille (1).

Madame , je vous félicite de la naissance de Mlle Georgine ; elle aura sans doute toutes les vertus de ses respectables parens : mais, si la fée qui l'a douée de toutes ces qualités ne lui épargne pas la paresse , n'en soyez point affligée , Madame; je sais , par expérience, qu'avec ce défaut-là en peut vous aimer beaucoup.

***

A Monseigneur le Prince de Condé.

Ham , ce 27 juin 1794.

Monsieur mon Cousin, je ne puis vous exprimer la joie que j'ai éprouvée lorsque mon père m'a annoncé que j'allais servir sous vos ordres , j'ai une bien grande impatience de vous revoir , ainsi que tous les braves Gentilshommes que vous commandez ; je suis Gentilhomme comme eux , et c'est un titre dont je m'honore ; et j'espère que vous trouverez en moi la même soumission , et surtout le même zèle.

C'est avec ces sentimens que je suis , Monsieur mon cousin , votre très-affectionné Cousin ,

CHARLES-FERDINAND.

***

Billet au jeune Vicomte César de Chastellux.

Rastadt , 10 août 1794.

« Votre aimable lettre m'a fait grand plaisir, mon cher *César* ; je suis charmé du désir que vous me mon-

______

(1) La malheureuse Princesse de Léon, qui a péri , il y a quelques années , victime d'un horrible accident.

trez d'imiter votre prédécesseur , et d'entrer dans les Gaules : vous y trouverez des Vercingentorix , des Dumnorix en grande quantité ; mais je ne doute point que votre courage et la cause que vous soutiendriez ne vous les fissent vaincre aisément. J'espère que sous peu d'années , vous pourrez vous montrer digne de votre prédécesseur et de vos respectables parens. »

Extrait d'une lettre à Monsieur le Comte d'Hautefort.

« Il faut aller prendre les grosses bottes et tout l'attirail d'un Prussien ; moi qui suis Français autant que possible ! »

Extrait d'une lettre à une autre personne.

« La guerre va recommencer ; nous en serons , nous autres Princes : il faut espérer , pour l'honneur du corps , que quelqu'un de nous s'y fera tuer. »

Au Comte de Mellet , Maréchal-de-Camp , Commandant le 1.er Régiment de Cavalerie noble , à l'armée de Condé.

Mulheim , le 21 janvier 1797.

Je vous adresse , Monsieur, l'extrait d'une lettre du Roi, que je viens de recevoir à l'instant. Je vous prie de la mettre à l'ordre du régiment que vous commandez.

Ce serait affaiblir un témoignage aussi flatteur des bontés du Roi, que d'y rien ajouter; mais je vous prie de dire, en mon nom, à tous MM. les Gentilshommes, que je mets un véritable prix à la faveur que S. M. m'a faite, en me chargeant d'être son organe auprès d'eux. Je profite avec empressement de cette occasion pour les assurer du bonheur que j'aurais à combattre à leur tête pour un si bon maître, et pour une cause qu'ils défendent avec tant de gloire.

Recevez particulièrement, Monsieur, l'assurance de mon estime et de mon amitié pour vous.

CHARLES-FERDINAND.

A Monseigneur le Prince de Condé.

Blankenbourg, le 27 avril 1797.

Enfin, Monsieur, mon frère est arrivé hier. Vous jugerez facilement de la joie que j'ai éprouvée en le revoyant. Ma joie est d'autant plus vive, que notre retour à l'armée sera très-prompt : nous ne devons rester que cinq ou six jours ici, et nous ne perdrons pas de temps en chemin pour revenir. Je fais bien des vœux pour qu'on ne tire pas de coups de fusil dans mon absence ; mais que cette campagne, qu'on peut bien regarder, je crois, comme la dernière, soit active : je le désire vivement pour mon instruction et pour celle de mon frère ; car je suis bien persuadé qu'il faut que les Bourbons se montrent, et beaucoup ; et que, hors de France, il doivent commencer par gagner l'estime des Français avec leur amour.

Veuillez recevoir, Monsieur, l'hommage du vif empressement que j'ai de me retrouver sous vos ordres, et du sincère et respectueux attachement que je vous ai voué pour la vie.

CHARLES-FERDINAND.

———

Lettre du Duc de Berry à l'Armée.

Octobre 1797.

Après avoir été si long-temps au milieu et à la tête de la Noblesse française, qui, toujours fidèle, toujours guidée par l'honneur n'a pas cessé un instant de combattre pour le rétablissement de l'Autel et du Trône, il est bien affligeant pour moi d'être obligé de me séparer d'elle, dans le moment surtout où elle donne encore une nouvelle preuve d'attachement à la cause qu'elle a embrassée, en préférant abandonner ses biens et sa patrie, plutôt que de jamais plier sa tête sous le joug républicain.

Au milieu des peines qui m'affligent, j'éprouve une véritable consolation, en voyant un Souverain aussi généreux que S. M. l'Empereur de Russie, recueillir et recevoir le dépôt précieux de cette noblesse malheureuse, en la laissant toujours sous la conduite d'un Prince que l'Europe admire, que les bons Français chérissent, et qui m'a servi de guide et de père depuis trois ans que je combats sous ses ordres.

Je vais rejoindre le Roi. Je ne ne lui parlerai pas du zèle, de l'activité et de l'attachement dont la Noblesse française a donné tant de preuves dans le cours de cette guerre ; il connaît tous ses mérites et sait les apprécier ; je me bornerai à lui marquer le vif désir que j'ai et que j'aurai toujours de rejoindre mes braves compagnons d'armes, et les prier d'être toujours bien persuadés, que quelque distance qui me sépare d'eux, mon cœur leur sera éternellement attaché, et que je n'oublierai jamais les nombreux sacrifices qu'ils ont fait et les vertus héroïques dont ils ont donné tant d'exemples.

Signé CHARLES-FERDINAND.

A Madame.........

Blankenbourg, ce 26 décembre 1797.

Je viens de recevoir, Madame, une nouvelle qui m'a fait un bien grand plaisir, puisqu'elle m'assure que je pourrai vous revoir bientôt, ainsi que tous mes anciens camarades. L'Empereur vient de m'accorder le régiment de cavalerie noble. Il a voulu ajouter cela à toutes les bontés dont il a comblé M. le Prince de Condé, et je mets beaucoup de prix à cette grâce-là : car ce sera toujours un grand bonheur pour moi de partager le sort de nos malheureux Gentilshommes, et d'être à leur tête. Je ne doute point, Madame, de la part que vous y prendrez, par le regret que vous avez bien voulu me témoigner lorsque nous nous sommes quittés.

Vous avez peut-être déjà appris le nouveau malheur qui vient d'augmenter les peines de notre malheureux Roi ; le Directoire a dicté ses ordres, et un Roi puissant s'empresse de les exécuter : il a fait dire au Duc de Brunswick de faire partir tous les émigrés de ses

états : ce Prince , en s'acquittant de cette triste com-
mission , a mis envers le Roi et envers les émigrés
tous les égards qu'on peut attendre de cœurs sensibles
et généreux ; et sa famille a partagé d'une manière
bien respectable ses sentimens et imité son exemple.
Ainsi le Roi va encore courir de pays en pays, chercher
un asile qu'on lui refusera partout ! Mon frère le sui-
vra ; pour moi, j'irai à Cuxhaven , attendre un bateau,
quel qu'il soit ; car pour le brick , il a sûrement péri ,
puisqu'il a mis en mer le 28 , et qu'il n'était pas arrivé
le 30.

Agréez avec bonté , Madame , l'hommage de mon
respectueux attachement , et croyez au bonheur que
j'éprouve d'avoir la certitude de vous revoir. Oserai-je
vous prier de dire mille choses à S.*** et à V.*** : je
connais assez leur amitié pour moi , pour vous prier ,
Madame , de leur faire mon compliment sur mon
prochain retour à l'armée.

CHARLES-FERDINAND.

Extrait d'une autre lettre à la même personne.

« Je me souviens avec plaisir de la manière dont
nous avons fêté la Sainte-Cécile , il y a deux ans, à
Mulheim ; et je vous assure que je regrette bien sincè-
rement de n'être pas à même de passer une soirée aussi
gaie. Nous oublions quelquefois que nous n'étions pas
chez nous, en n'entendant parler que français , en ne
voyant que des cocardes blanches. Je sens combien il
en coûtera à l'armée de quitter cette marque de fidé-

lité et de dévouement (1). Espérons au moins que c'est le dernier période de nos maux, et que nous pourrons bientôt la reprendre pour ne la quitter jamais. Vous savez sûrement que le malheureux Richer-Serizy a été arrêté à Bâle, et livré au Directoire. Quel bouleversement général de morale et d'idées ! On ne peut croire à ce qu'on voit. »

Klagenfurt, ce 8 avril 1800.

Je remercie bien M. le Prince de Condé de l'intérêt qu'il a bien voulu prendre à ce qui me regarde ; je le supplie de me compter toujours comme sous ses ordres, et chef de mon régiment ; je le supplie aussi de vouloir bien me faire part des changemens d'uniformes, et j'espère qu'il n'y en aura point dans la formation. J'oserais lui représenter que, si les régimens avaient l'entreprise de l'habillement, tout y gagnerait pour la promptitude et l'économie. Je crois l'avoir prouvé cet hiver. Je le prierais aussi, en cas qu'il y ait un embarquement, de vouloir bien donner un congé illimité, avec appointemens, à Moussereau et à Nantouillet, dans la ville où serait établi le dépôt de l'armée. J'espère que vous voudrez bien m'écrire souvent, et me mander ce qui vous intéresse. Je vous prie d'adresser vos lettres au Bailli de Pussol, à Florence.

Agréez, avec votre amitié ordinaire, l'hommage de mon tendre attachement.

CHARLES-FERDINAND.

(1) En passant à la solde de la Russie, l'Empereur Paul exigea que le corps de Condé prit la cocarde de son armée.

A Monseigneur le Prince de Condé.

Rome , ce 30 juin 1800.

La nouvelle de l'armistice m'a arrêté ici ; n'ayant rien à faire à Palerme jusqu'au retour de la Reine , j'ai obtenu du Roi la permission de faire la campagne avec M. le Prince de Condé. Cela aurait été un grand bonheur pour moi de le voir; je lui aurais demandé la permission de la faire comme volontaire , avec mon frère. Je me faisais un bien grand plaisir de penser au moment où je pourrais me retrouver avec mes braves compagnons d'armes , auxquels je suis si attaché : une nouvelle qui m'avait paru très-naturelle, car on disait que M. le Duc d'Enghien avait fait des prodiges de valeur avec son régiment à Verderfc, m'avait fait hâter , encore plus, mon départ de Naples ; et je ne faisais que de changer de chevaux ici , lorsque j'ai appris cet armistice, produit des succès incroyables de Buonaparte. Nous attendons , pour voir ce que cela deviendra.

Je prie M. le Prince de Condé d'être persuadé du vif regret que j'ai de n'avoir pu le rejoindre , et lui prouver le sincère et tendre attachement que ses bontés ont gravé dans mon cœur.

CHARLES-FERDINAND.

A S. M. la Reine de Naples.

Linsen , près Rottman , 15 décembre 1800.

Nous avons eu bien des désastres ; mais je vous assure que pour ceux qui les ont vus, ces événemens sont fort singuliers. Le peu de précaution que l'on a pris à la bataille du 3 près Ebesberg, l'inaction où l'on a laissé et les corps qui étaient à Wasserburg, et nous avec M. de Chatelair, qui pouvions attaquer avec succès sur Munich, mais principalement le passage de l'Inn, que l'on a laissé forcer, sans vouloir prendre aucune mesure raisonnable pour l'empêcher, tout cela est fort extraordinaire.

Déjà depuis plus de dix jours l'on savait que les forces de l'armée de Moreau se portaient devant nous. Avec quinze cents hommes d'infanterie et douze cents chevaux (ce qui fait la totalité du corps), nous gardions depuis la gauche de Wasserburg jusqu'au delà de Neubeieren, c'est-à-dire, plus de six lieues. Le 15 de ce mois, un corps de quinze cents Autrichiens, sous les ordres du Feld-Maréchal........ s'était porté à Hartmansberg, à cinq lieues du pont de Rozenheim, où étaient nos batteries. Il est connu, par l'exemple des anciennes guerres et par la vue du pays, que le passage de Neubeieren est non-seulement facile, mais le seul praticable. Malgré les représentations que M. le Prince de Condé avait faites le soir, aucun secours ne lui avait été donné, et les Autrichiens ne s'étaient pas rapprochés. Le 9, à la pointe du jour, les ennemis ouvrirent un feu terrible sur nos batteries; en même temps trois divisions passèrent l'Inn entre Neubeieren et Rohrdorff, défendu ou plutôt observé par vingt-cinq dragons d'Enghien et douze hommes de Durand. Les Français s'avancèrent en se battant toujours contre M. le Duc d'Enghien (qui avait réuni son régiment et celui de Durand), jusqu'au village de Riedering. Les Autrichiens n'arrivèrent qu'à une heure. Le Général.....

s'emporta beaucoup sur ce que nous avions laissé passer deux mille cinq cents hommes devant vingt-cinq dragons , et surtout de ce que M. le Prince de Condé avait abandonné la position de Rozenheim, où le canon nous avait démonté deux pièces , tuant hommes et chevaux , les Français d'ailleurs nous ayant débordés , et étant déjà à Riedering , à deux lieues en arrière de la position. Le général....... envoya le général Giulay avec sa division pour se joindre avec M. le Duc d'Enghien , et forcer Riedering. Cet ordre fut exécuté. M. le Prince de Condé et M. le Duc d'Angoulême attaquèrent avec les grenadiers de Bourbon, et emportèrent sur-le-champ les batteries de l'ennemi. M. le Duc d'Enghien chargea avec les dragons à pied, le régiment de Durand et les dragons de Kinski ; ces trois corps se couvrirent de gloire. Le Comte de Giulay faisait tous ses efforts pour nous faire appuyer par l'infanterie autrichienne : elle était harassée de tant de combats. Trop faibles , il fallut renoncer à nos avantages , et les Français reprirent leur position , où ils se maintinrent jusqu'à la nuit.

Le brave régiment de Durand a été écrasé ; douze grenadiers seulement sur la totalité de la compagnie revinrent de l'affaire. M. le duc d'Enghien a eu un cheval tué sous lui, et a perdu beaucoup de dragons. Gaston de Damas , frère cadet de Roger, a été blessé , ainsi que plusieurs autres officiers de distinction. Le Général-Major La Serre a été blessé grièvement en combattant avec les grenadiers de Durand.

Depuis ce moment nous n'avons cessé de marcher le jour ou la nuit. Nous venons occuper la position de Rottman , par où les Français pourraient arriver sur Leoben.

Nous apprenons dans ce moment que les Français ont forcé le passage de la Salza à Lauffen.

Extrait d'une lettre à M. le Comte d'Hautefort.

« Je suis désespéré que cette expédition (1) n'ait pas eu lieu, non que je crusse au succès, mais parce que j'y aurais acquis de la gloire, ou que j'y aurais été tué ; ce qui est notre seule ressource si Buonaparte règne sur la France. »

Extrait d'une lettre à M. le Comte de Chastellux.

« Je veux être ce que je suis, et marcher toujours la tête haute partout où je serai (2). »

A M. le Comte de Chastellux.

« Ma bien véritable amitié pour vous, m'engage à vous parler d'une idée qui m'est venue en tête. Vous avez vu à Venise Madame de Montsoréau et ses filles : l'aînée est une ange ; c'est la personne la plus accomplie que je connaisse (3). Elle a toutes les vertus et tous les charmes : la douceur, l'esprit et la figure. Ses parens, qui

(1) La descente que l'armée de Condé devait faire sur les côtes de la Provence.

(2) Le prince refusant d'aller en Italie sous un nom supposé.

(3) Aujourd'hui Madame la comtesse de Blacas.

sont bien décidés à ne jamais quitter notre déplorable
bannière , voudraient l'unir à quelqu'un qui réunît à la
naissance une conduite et des mœurs fort rares à ren-
contrer. Ils m'ont souvent entendu faire l'éloge de votre
fils , et j'ai lieu de croire qu'ils seraient charmés de
lui donner leur fille. Ils désirent la marier promptement,
voulant en même temps marier la cadette au Comte de
la Ferronnays, qui joint à un caractère propre à faire le
bonheur de sa femme , un peu de bien hors de France,
et une très-grande fortune à Saint-Domingue. Montso-
reau a l'espérance de retirer quelque chose des débris
de sa fortune. Mandez-moi franchement si cette idée
vous plaît, ou si vous avez d'autres vues sur son compte.

Extrait d'une lettre à M. le Comte de Chastellux.

« Qu'irais-je faire à Naples ? Je ne peux pas vivre
pour rien dans un pays d'une cherté affreuse. Pourquoi
M. Acton ne me parle-t-il pas franchement ? Qu'a-t-il
besoin d'user de réserve envers moi ? Je ne suis pas une
puissance politique ; je suis un homme malheureux ,
qui ne peut porter ombrage à personne. »

A M. Acton , Ministre de S. M. le Roi de Naples.

« Je vous écris , Monsieur , avec la franchise d'un
Bourbon, qui parle au Ministre d'un Roi-Bourbon,
d'un Roi qui n'a cessé de montrer un attachement

généreux à la partie de sa famille , si cruellement traitée par la fortune.

» J'ai appris avec une vive douleur que le Roi avait désapprouvé la démarche que j'avais faite de quitter Rome pour aller joindre l'armée de Condé. La Noblesse fidèle avec laquelle j'ai fait huit campagnes, n'avait jamais vu tirer un coup de fusil sans que je fusse à sa tête. Au moment où mon frère venait de la joindre , il me mandait : «Nous attaquons , le 15 septembre. » Si j'avais attendu les ordres du Roi, je perdais le temps : je suis donc parti sur-le-champ, je suis arrivé le 15 , et le 16, nous étions au bivouac, devant attaquer le lendemain. Je n'aurais jamais quitté l'armée napolitaine , si elle avait été devant l'ennemi, mais tout paraissait indiquer de ce côté la plus grande tranquillité. D'ailleurs , volontaire sous M. de Nazelli, ou sous M. de Damas, que j'ai vu si long-temps colonel à l'armée de Condé , ce n'était pas une position bien agréable pour moi, et je n'y pouvais être d'aucune utilité au service du Roi. Depuis que la paix a été faite, je vous ai écrit trois fois sans recevoir jamais de réponse de vous. Cette incertitude-là est cruelle : pourquoi ne pas me dire franchement les volontés du Roi à mon égard ? J'aurais été aussi heureux qu'il est possible , lorsqu'on n'est pas dans son pays , d'être uni à la famille de Naples et de tout devoir à des parens aussi bons. Mais les circonstances empêchent-elles cette union? Ma présence serait-elle incommode ? Le traitement qu'on a bien voulu m'accorder , est-il une gêne dans un moment où les finances du Roi sont si cruellement obérées? Je mets le tout à ses pieds , avec la même reconnaissance : je vous supplie seulement de vouloir bien faire continuer de

payer les 5ooo ducats que le Roi a eu l'extrême bonté
d'accorder aux Officiers de ma Maison. Ces Gentilshommes, invariables dans leur devoir et leurs principes,
ne fléchiront jamais la tête sous le joug d'un usurpa-
teur, et tous ont abandonné leur fortune pour me
suivre : je ne réclame donc rien pour moi que le passé.
Je n'ai eu jusqu'ici d'autres ressources que la générosité
du Roi, mais vous savez sûrement les retards que j'ai
éprouvés. Cela me met dans un grand embarras. N'ayant
rien à moi, je regarderais comme une infamie de faire
une dette.

» Je suis bien sûr que vous sentirez les raisons de mon
empressement à connaître mon sort, quand vous saurez
que dans un mois, je n'aurai, en vendant mes équi-
pages, que de quoi rejoindre mon père. »

A M. de Mesnard.

27 juillet 1808.

« Vous avez fort bien jugé, mon cher Mesnard, et de
ce que j'éprouve, et de ce qui me retient. Il n'est que
trop vrai que depuis six semaines j'ai travaillé à aller
rejoindre les braves Espagnols, et que le gouvernement
y a mis un obstacle absolu et positif. Les Espagnols qui
sont ici nous ont évité avec soin. Tout en admirant
leurs nobles efforts, il me semble qu'ils ont oublié,
ainsi que tout le monde, que les aînés de leurs Rois
ont gouverné la France, et qu'il faut que Buonaparte
tombe pour leur sûreté comme pour celle du monde. »

Extrait d'une lettre au même.

« L'entreprise est audacieuse : je suis bien sûr que cela ne nous arrêtera pas ; mais songez que vous êtes père. »

(Monseigneur le Duc de Berry avait formé le projet de passer en France pour rejoindre les royalistes de l'intérieur.)

———

A Madame Ami.

Edimburg , ce 5 septembre.

J'ai reçu hier, Madame , votre lettre. J'avais déjà appris avec beaucoup de peine que mon bon père *Ami* (1) était malade ; non-seulement j'approuve , mais je lui ordonne absolument de rester avec vous. Mandez-moi par quel moyen je peux lui faire passer son traitement et à quelles époques. Je n'ai pas besoin de vous recommander d'en avoir bien soin, mais ayez-en soin pour vous et pour moi. Je suis heureux de penser qu'il est au milieu d'une famille qui lui est si chère et qu'il m'a sacrifiée pendant si long-temps. Embrassez-le bien de ma part et faites-moi savoir souvent de ses nouvelles. Je joins ici une lettre de Provenchère que j'ai reçue pour lui.

CHARLES-FERDINAND.

———

Au Comte de La Ferronnays.

Hartwel, 1809.

« J'ai reçu hier matin ta lettre d'avant-hier, mon cher Auguste ; je te remercie de tes bons conseils ; je trouve

———

(1) Le vieux docteur *Ami* , qui avait suivi le Prince en pays étranger.

dans tout ce que tu me dis assez de sagesse et de raison, et ce que j'aime encore mieux, j'y trouve une preuve de plus de ton attachement pour moi; mais, mon ami, tes réflexions sont trop tardives et sont inutiles. Tout ce que tu me dis, je me le suis déjà dit à moi-même: je n'ai jamais partagé ta confiance dans le succès de notre expédition, je crois fermement que nous marchons à la mort, et c'est ce qui fait que je ne veux pas m'arrêter. Tu sais trop, mon cher Auguste, les absurdités qui ont été débitées sur notre compte; tu sais combien on nous reproche de n'avoir pas combattu avec la Vendée, de n'avoir pas mêlé notre sang à celui des royalistes : il faut faire taire la calomnie, et tu es trop mon ami pour me conseiller le contraire. Tu connais mes opinions sur les guerres civiles et ceux qui les fomentent; je me croirais traître au Roi, traître à la France, et le plus coupable des hommes, si pour ma propre gloire, ou pour mon intérêt personnel, je cherchais à la rallumer et à ramener sur cette fidèle Vendée les malheurs qui déjà furent le prix de son dévouement à notre cause. Mais puisque l'on nous assure que, lassés d'être opprimés, les royalistes se décident eux-mêmes à reprendre les armes, puisqu'ils nous le font dire et qu'ils demandent un Prince, rien ne m'empêchera d'aller les rejoindre. Je combattrai à leur tête, je mourrai au milieu d'eux, et mon sang versé au champ d'honneur, abreuvant le sol de la patrie, rappellera du moins à la France qu'il existe des Bourbons, et qu'ils sont encore dignes d'elle. Mon vieux Nantouillet et toi, mon ami, vous partagerez mon sort. Je ne vous plains pas, tu seras enterré à mes côtés. C'est un moyen très-bon pour couvrir ce que tu appelles ta *responsabilité.*

Quant à ta proposition d'aller avant moi sonder le terrain et vérifier les faits, elle n'a pas le sens commun, et tu me connais assez pour être bien sûr que je ne consentirai jamais à ce que mon ami s'expose pour moi à un danger que je ne partagerai pas avec lui.

» Adieu, je serai à Londres après-demain à 5 heures. J'irai passer la soirée chez ta belle-mère; nous causerons de tout cela. Embrasse ta femme et tes deux enfans; je te quitte pour aller à la chasse. »

A Madame......

Jersey, 8 février 1814.

Que direz-vous, Madame, de la liberté que je prends de vous écrire, et de me charger de répondre à une lettre qui ne m'est pas adressée ? Mais le tendre et touchant intérêt que vous voulez bien m'y marquer, est mon excuse. Je comptais bien vous écrire, mais du sol de ma patrie, de cette terre chérie que je vois tous les jours sans pouvoir y atteindre ; enfin, je voulais écrire à la veuve du grand Moreau, si digne de lui, sur le chemin qu'il aurait déjà aplani devant nous si le sort ne nous l'avait enlevé.

Me voici donc comme Tantale, en vue de cette malheureuse France qui a tant de peine à briser ses fers; et les vents, le mauvais temps, la marée, tout vient arrêter les courageux efforts des braves qui vont courir des dangers qu'on ne me permet pas encore de partager. Vous dont l'âme est si belle, si française, jugez de tout ce que j'éprouve; combien il m'en coûterait de m'éloigner de ces rivages qu'il ne me faudrait que deux heures pour atteindre ! Quand le soleil les éclaire, je monte sur les plus hauts rochers, et, ma lunette à la main, je suis toute la côte, je vois les clochers de Coutances. Mon imagination s'exalte ; je me vois sautant à terre, entouré de français, cocardes blanches aux chapeaux ; j'entends le cri de *Vive le Roi !* ce cri que jamais français n'a entendu de sang-froid : la plus belle femme de la province me ceint d'une écharpe blanche, car l'amour et la gloire vont toujours ensemble. Nous marchons sur Cherbourg : quelque vilain fort, avec une garnison d'étrangers, veut le défendre ; nous l'emportons d'assaut, et un vaisseau part pour aller chercher le Roi, avec le pavillon blanc qui rappelle les jours de gloire et de bonheur de la France. Ah ! Madame, quand on n'est qu'à quelques heures de l'accomplissement d'un rêve si probable, peut-on penser à s'éloigner ?

» Pardonnez toutes ces folies, Madame ; croyez que les sentimens que vous m'avez inspirés sont aussi durables que ma vie. Veuillez me donner une petite part dans votre amitié, et recevoir l'hommage de mon tendre et respectueux attachement. »

A. S. A. R. Madame la Princesse Marie-Caroline de Naples, petite fille du Roi des Deux Siciles.

Paris, 8 janvier 1816.

Madame, ma sœur et cousine,

Il y avait long-temps que je désirais obtenir l'aveu du Roi votre grand-père et du Prince votre père, pour former une demande à laquelle j'attache le bonheur de ma vie ; mais devant que j'aie obtenu leur agrément, c'est V. A. R. que je viens solliciter de daigner me confier le bonheur de sa vie, en s'unissant avec moi. J'ose me flatter que l'âge, l'expérience, et une longue adversité, m'ont assez formé pour me rendre digne d'être son époux, son guide et son ami. En quittant des parens si dignes de son amour, elle trouvera ici une famille qui lui rappellera le temps des patriarches. Que vous dirais-je du Roi, de mon Père, de mon Frère, et surtout de cet ange, MADAME, Duchesse d'Angoulême, que vous n'ayiez entendu dire, sinon que leurs vertus, leurs bontés sont fort au-dessus des éloges que l'on peut en faire ? L'union la plus intime règne parmi nous, et n'est jamais troublée : mes parens désirent tous avec impatience que V. A. R. comble mes vœux, et qu'elle consente à augmenter le nombre des enfans de notre famille. Veuillez, Madame, vous rendre à mes prières, et presser le moment où je pourrai mettre à vos pieds l'hommage des sentimens respectueux et tendres avec lesquels je suis, Madame, ma sœur et cousine, de V. A. R. le très-affectionné frère et cousin.

CHARLES-FERDINAND.

A S. A. R. Madame la Duchesse de Berry.

(Jour de la célébration du mariage par procuration.)

Paris, 25 avril 1816.

Votre aimable lettre m'a fait un plaisir que je ne puis vous exprimer, Madame et chère femme ; car, d'aujourd'hui, nous nous sommes donnés notre foi. De ce jour nous sommes unis par les liens sacrés du mariage; liens que je chercherai toujours à vous rendre doux. Vous daignez me remercier de vous avoir choisi pour la compagne de ma vie ; que de remercîmens ne dois-je pas à V. A. R. pour avoir si promptement accédé aux vœux de vos excellens parens! Je sens combien il doit vous en coûter de les quitter, de venir presque seule dans un pays étranger, mais qui ne le sera bientôt plus pour vous, pour vous unir à un homme que vous ne connaissez pas. J'ai composé votre Maison, de Dames dont la vertu et la douceur me sont connues. Le Roi a approuvé mon choix. Votre Dame d'honneur, Madame la Duchesse de Reggio, est désespérée de ne pouvoir aller au-devant de vous. Madame de La Ferronnays, votre Dame d'atours, sœur de Madame la Comtesse de Blacas, sera la première qui aura le bonheur de vous faire sa cour ; c'est un modèle de vertu et de l'amabilité la plus douce ; je vous la recommande particulièrement ; elle vous présentera les Dames pour accompagner. Le Duc de Lévis, votre chevalier d'honneur, est un homme aussi distingué par ses qualités que par ses talens. Le Comte de Mesnard, votre premier écuyer, est un loyal chevalier, qui n'est rentré en France qu'avec moi : enfin j'espère que lorsque vous les connaîtrez, vous les trouverez dignes de l'honneur qu'ils ont de vous être attachés.

Avec qu'elle impatience j'attends la nouvelle de votre arrivée en France! Que je serai heureux, ma bien chère femme, lorsque je pourrai vous appeler de ce doux nom! Tout ce que j'entends dire de vos qualités, de votre bonté, de votre esprit, de vos grâces, me charme et me fait brûler du désir de vous voir et de vous embrasser comme je vous aime.

CHARLES-FERDINAND.

A S. A. R. Madame la Duchesse de Berry.

Paris, 10 mai 1815.

Je profite, Madame, du départ de Madame la Duchesse de Reggio, pour vous dire combien votre seconde lettre m'a touché ; cette lettre que vous avez écrite en sortant de la cérémonie par laquelle vous avez confié votre destinée entre mes mains. Je suis chargé de votre bonheur, et ce sera la douce et constante occupation de ma vie. J'ai vu avec peine le retard de votre départ de Naples : la quarantaine que vous serez obligée de faire, quoiqu'elle soit abrégée autant que possible, me fait présumer que ce ne sera que dans les premiers jours du mois prochain que j'aurai le bonheur de vous voir. Que je regrette de n'avoir pas pu aller à Naples moi-même vous chercher ! Mais il faut nous soumettre aux volontés de nos parens ; et premiers sujets, nous devons l'exemple de l'obéissance. Toute la France vous attend avec la plus vive impatience, et moi plus que personne. Je vous recommande Madame la Duchesse de Reggio, qui, malgré sa faiblesse, a voulu partir. Elle se trouve bien heureuse de pouvoir se rendre à son devoir auprès de vous.

Adieu, Madame, je suis impatient de recevoir une lettre de Votre Altesse Royale, datée de France. Le vent qui souffle avec violence me fait trembler.

CHARLES-FERDINAND.

————

A S. A. R. Madame la Duchesse de Berry.

Paris, 26 mai 1816.

Je ne puis vous exprimer, Madame, combien je suis heureux d'apprendre votre arrivée à Marseille. J'aurais bien voulu abréger l'ennuyeuse quarantaine de Votre Altesse Royale, et je crains que vous ne trouviez le temps bien long. Vous avez déjà gagné les cœurs de ceux qui n'ont fait que vous entrevoir. Vous êtes déjà si aimée en France, on désire tant vous voir ! Quand je sors à présent l'on ne crie plus : *Vive le Duc de Berry !* mais ce qui me fait bien plus de plaisir : *Vive la Duchesse de Berry ! Vive la Princesse Caroline !*

Je voudrais bien, Madame, prévenir tous les désirs de Votre Altesse Royale, savoir ce qui pourrait vous plaire : vous aurez ici une habitation charmante, que toute la famille s'occupe à arranger ; vous aimez à monter à cheval, je vous cherche des chevaux bien sages. Je sais que vous ne craignez rien ; mais moi j'ai peur pour vous. A propos de courage, vous avez été en grand danger sur mer, auprès de cette vilaine île d'Elbe, d'où sont partis tous nos maux l'année dernière. Cela m'a fait trembler, mais j'ai aimé à apprendre que vous n'aviez pas éprouvé la moindre frayeur. Le sang de Henri IV et de Louis XIV ne s'est pas démenti.

Adieu, Madame et bien chère amie, ma bonne et aimable femme ; en attendant le 14 de juin qui est encore si loin, je veux vous répéter que je vous aime et que je ferai tout ce qui sera en moi pour vous rendre heureuse.

CHARLES-FERDINAND.

A S. A. R. Madame la Duchesse de Berry.

Paris, 31 mai 1816.

Le Prince de Castelcicala m'a remis hier, Madame et bien chère amie, des lettres pour vous de vos chers parens ; je ne perds pas un instant pour vous les envoyer. J'ai encore reçu aujourd'hui des nouvelles de Marseille du 25 ; je sais que vous enchantez tout ce qui vous entoure, et tout ce qui peut vous apercevoir. Votre promenade en bateau a eu un grand succès, et surtout, la promesse que vous avez faite de la renouveler. Je ne vous écrirai pas aujourd'hui une longue lettre, en ayant tant à vous envoyer qui doivent vous intéresser davantage. Je m'occupe de vous chercher des chevaux, et j'espère en trouver qui vous conviennent. Nous avons été voir la corbeille que le Roi vous donne, et j'espère que vous en serez contente. Il y a surtout une robe de bal que je serai charmé de vous voir porter. Mon père rassemble votre bibliothéque ; mon Frère et sa femme ornent votre chambre : chacun de nous se fait un si doux plaisir de vous être agréable ! Et qui le désire plus que celui qui vous est déjà uni par les liens les plus sacrés ? Je suis toujours effrayé de mes trente-huit ans ; je sais qu'à dix-sept, je trouvais ceux qui approchaient de la quarantaine bien vieux. Je ne me flatte pas de vous inspirer de l'amour ; mais bien ce sentiment si tendre plus fort que l'amitié, cette douce confiance qui doit venir de l'amitié même. Je vois que je ne finis pas, et que vous avez toutes vos lettres à lire. Adieu, encore quinze grands jours ! Je baise les mains de ma femme comme je l'aime.

CHARLES-FERDINAND.

A S. A. R. Madame la Duchesse de Berry.

Paris, 4 juin 1816.

J'ai reçu hier, Madame et bien chère amie, votre bonne et aimable lettre du 27. Tout le monde dit beaucoup de bien de vous ; mais je juge encore plus de ce que vous valez par vos lettres, où je trouve tout ce qui est fait pour me charmer. Vous me demandez de vous donner des conseils ; je vous dirai tout ce qui peut vous être utile. Vous vous plaignez de votre timidité ; elle sied à votre âge, et vous savez y mêler la bonté et la noblesse. Vous êtes entourée de l'amour des habitans du Midi, qui sont bien bons. Vous êtes un présage de bonheur pour la France, et la *terreur des factieux.*

CHARLES-FERDINAND.

A S. A. R. Madame la Duchesse de Berry.

Paris, 9 juin 1816.

C'est, Madame et chère amie, par un des plus dévoués serviteurs de notre Maison que je vous écris, par un homme bien heureux de notre union, le bon Prince de Castelcicala. Je n'ai pas besoin de vous le recommander ; il me connaît bien, m'ayant vu si long-temps en Angleterre. Avec quel plaisir je prendrais sa place ! C'est donc dans six jours que je vous verrai ! J'ai toujours peur que vous ne me trouviez pas beau ; car les peintres de Paris ne sont pas comme ceux de Palerme, ils flattent. Avec quel plaisir je presserai votre main ! Pressez aussi la mienne, si je ne vous déplais pas trop. La

4

contrainte où nous serons pendant deux jours me gê-
nera bien. Ma Caroline , je vais m'occuper de votre
bonheur , de vos plaisirs. Je sais que vous aimez le
spectacle , j'ai des loges à tous les théâtres. J'ai une
jolie campagne dont on vous aura parlé ; nous y irons
bien souvent ensemble. Je chasse souvent, vous y viendrez
en calèche. Vous aimez la musique , je l'aime aussi beaucoup. Enfin , Madame, je chercherai à vous rendre
heureuse , et j'espère y parvenir. Vous avez, si je dois
croire tout ce qui vous a vue , bonté , douceur , esprit
et gaîté; que peut-on de mieux ? Cependant , nous nous
trouverons des défauts : *Tendre indulgence* sera notre
devise.

Charles-Ferdinand.

A S. A. R. Madame la Duchesse de Berry.

Fontainebleau , 12 juiu 1816.

« Votre lettre de Lyon , que je reçois de la main du
Roi , me fait un plaisir que je ne puis vous exprimer.
Je suis charmé que vous me grondiez sur mon écriture ;
vous avez bien raison : mais en vous écrivant mon cœur
m'emporte , et vous n'avez pas d'idée de l'effort que je
suis obligé de faire pour être lisible. Encore trois jours !
Je brûle de vous voir. J'éprouve aussi aujourd'hui un
grand bonheur, je possède votre portrait : au moins celui-
là ne vous défigure pas du tout; et fût-il un peu flatté ,
l'on peut être encore fort agréable sans être aussi jolie
que ce portrait.»

---

ce 13.

«Le Prince de Castelcicala me remet votre lettre de
Moulins, qui est plus aimable encore que les autres.
Enfin, c'est demain que je verrai ma femme, celle dont
le bonheur doit être mon ouvrage. »

———

A M. le Marquis de Gontaut.

« En confiant à la vicomtesse de Gontaut le soin de ce
que j'aurai de plus cher au monde, j'ai cru lui donner
une marque de mon estime particulière; et j'ai saisi
avec empressement cette occasion de montrer à tout
ce qui porte le nom de Biron, combien je compte sur
un zèle et un dévouement auxquels nous sommes ac-
coutumés depuis des siècles. »

———

Au Général Levavasseur, qui venait de perdre son fils.

«J'apprends avec beaucoup de peine, mon cher Levavasseur, la perte cruelle que vous venez de faire ; elle
est du nombre de ces événemens pour lesquels on ne
peut offrir de consolation. Si l'assurance du très-véri-
table intérêt que je prends à votre malheur en adoucis-
sait l'amertume, vous pouvez y compter positivement.
Votre pauvre fils annonçait des dispositions qui auraient
fait votre bonheur. Il vous en reste un; toutes vos affec-
tions vont se concentrer sur lui: il faut espérer qu'il s'en
rendra digne, et vous dédommagera, autant qu'il sera
en lui, du chagrin que vous éprouvez en ce moment.

Je regrette que ce soit un si triste événement qui me donne l'occasion , mon cher Levavasseur, de vous renouveler l'assurance de mon attachement et de ma parfaite estime. »

A M. Despalières, Consul de France à Anvers.

« Mon cher Despalières, j'ai réfléchi à votre proposition , et j'ajourne l'emplette (1) , dans un temps où *mes pauvres* appellent toute ma sollicitude. Je me reprocherai d'acheter si cher un plaisir dont je puis me passer. »

Lettre à MM. les Administrateurs de l'établissement de la Providence, qui sert d'asile aux vieillards et aux orphelines.

« J'ai lu avec tout l'intérêt que doit inspirer cet établissement utile, les rapports et comptes rendus par la société de la Providence. Je suis bien sûr d'avance que les fonds dont je pourrai disposer en sa faveur, ne pourront être employés que de la manière la plus utile, étant confiés à des mains dont la charité inspire toute confiance. »

Discours prononcé par S. A. R. Mgr. le Duc de Berry dans l'assemblée générale de la Société philantropique, tenue le 27 mai 1817.

« Combien j'ai de plaisir à me trouver au milieu de vous, Messieurs! Combien j'ai de plaisir à entendre

(1) Monseigneur le Duc de Berry avait résolu d'acheter plusieurs tableaux d'une superbe galerie qu'on allait vendre à Anvers.

les rapports satisfaisans qui viennent de vous être faits! Je partage les regrets que vous inspire la perte des hommes que vous pleurez. Grâces à vos soins, j'espère, Messieurs, qu'ils seront remplacés sans que les pauvres en souffrent. Je suis heureux d'entrer, en partie, dans le bien que vous faites; je m'associerai toujours à vos efforts généreux : alors il me sera doux, non pas de penser que je suis le seul auteur de tant de bien, mais d'entendre citer mon nom parmi les vôtres, et au milieu des bénédictions des malheureux. »

Dans la séance du 18 mai 1810.

« Messieurs, c'est toujours avec une nouvelle satisfaction que je vois l'accroissement de la Société et la prospérité de ses travaux ; c'est à vous, Messieurs, c'est à votre zèle infatigable que les malheureux doivent le bien dont on vient de nous faire l'exposé. J'en rendrai compte au Roi, pour qui c'est un bonheur d'apprendre ce qui contribue à celui de son peuple.

» Vous pouvez toujours compter sur ma protection spéciale. Je suis heureux de concourir à tant de résultats utiles aux pauvres. Mais ce que j'exprimerai faiblement, Messieurs, c'est ma reconnaissance pour les sentimens que me témoigne la Société, et pour les vœux qu'elle forme à l'occasion d'un événement auquel j'attache mon bonheur particulier, et qui me cause encore plus de joie, parce que je vois que c'est le désir de la France. »

Dans une réunion de l'Association paternelle des Chevaliers de Saint-Louis.

« Messieurs, je suis extrêmement flatté de vous présider ; j'écouterai toujours avec le même intérêt les heureux résultats de nos travaux. Je tâcherai de remplacer auprès de vous le Prince de Condé, que nous pleurons et regrettons à si juste titre, et vous me verrez toujours contribuer, de tous mes efforts, au bien que fait une Association aussi paternelle. »

LE DUC DE BERRY

PEINT PAR SES PAROLES.

LE PRINCE FRANÇAIS.

S. A. R. se trouvant à la hauteur de Cherbourg.

Un piége ! les Français, un piége ! C'est un appel, Monsieur, c'est un appel ; encore une fois, entrons à Cherbourg.

En débarquant à Cherbourg.

En me jetant au milieu des Français, je puis bien trouver des ennemis à combattre, mais je n'y trouverai jamais un assassin.

En mettant le pied sur le sol français.

Chère France ! en te revoyant, mon cœur est plein des plus doux sentimens.

Aux habitans de Cherbourg.

Nons n'apportons dans notre patrie que l'oubli du passé, la paix et le désir du bonheur des Français.

Aux mêmes.

On n'est heureux qu'au milieu des siens.

A Caen, en faisant rendre la liberté à plusieurs prisonniers.

Je voudrais avoir la puissance divine, afin de sécher toutes les larmes, le jour qui nous rend à la France.

———

Au milieu de la foule qui se pressait autour de lui.

Laissez approcher ces braves gens; nous avons du plaisir à nous voir.

———

Dans un banquet.

Je bois à la prospérité de la France : cette santé est dans le cœur de tous les Français!

———

A des soldats rebelles.

Un Bourbon peut-il se venger des Français, autrement que par ses bienfaits?

———

A la grande députation de la Chambre des Députés.

J'aurai, je l'espère, des enfans qui comme moi, trouveront inné dans leur cœur, l'amour des Français.

———

A l'Opéra, le 13 février, au Commandant de la Garde Royale qui lui offrait quatre sentinelles.

Je n'en ai pas besoin, Capitaine; je suis ici au milieu des Français.

———

Le Prince mourant.

O ma Patrie! ô malheureuse France!

LE CHEVALIER FRANÇAIS.

Lorsque le Prince était hors de France.

Ah ! disait-il, que ne puis-je, au prix de tout mon sang, combattre au milieu de ces braves rendus à la fidélité ! Et pourquoi faut-il que les conséquences de leurs succès viennent mêler tant d'amertumes aux éloges que je suis fier de donner à leur valeur !

A MM. les Maréchaux de France.

Permettez que je vous embrasse ; je n'ai que ce moyen de vous faire partager mes sentimens.

A des Militaires.

Nous commençons à nous connaître ; mais nous nous connaîtrons mieux, quand nous aurons fait quelques campagnes ensemble.

Au dixième Régiment de ligne.

Messieurs, j'ai une permission à vous demander, c'est de porter votre uniforme, quand j'irai au-devant de mon frère.

A un Général étranger qui le blâmait de sa témérité.

Que ceux qui sont en arrière courent, s'ils veulent arriver avec moi : un Fils de France ne doit pas attendre la gloire, il doit marcher au-devant d'elle.

A la bénédiction des drapeaux de la Garde Royale.

Je suis certain que ces braves défendront jusqu'à la mort, les drapeaux qu'ils viennent de recevoir de leur père et de leur Roi, et qu'ainsi que les anciens preux, ils se souviendront des mains qui ont attaché les cravates.

―――

Au Lieutenant-Colonel Lainé, dans une revue.

Lainé, pied à terre ! (d'une voix très-forte, qui s'emblait annoncer un grand mécontentement) A génoux !

Lainé, au nom du Roi, je vous reçois Chevalier de Saint-Louis; faites votre serment, et venez ensuite me donner l'accolade de Chevalier.

―――

A MM. les Généraux qui entouraient son lit de mort.

Pourquoi n'ai-je pas trouvé la mort dans les combats, au milieu de vous !

―――

A un Officier qui se croyait offensé.

Je ne suis plus qu'un gentilhomme. C'est en cette qualité que je suis prêt à vous rendre raison , si vous vous croyez offensé.

―――

Devant toute sa Maison assemblée.

Messieurs, vous avez entendu hier des choses beaucoup trop fortes que j'ai adressées à M. de La Ferronnays, je veux que vous soyez aujourd'hui témoin de la réparation que je vais lui faire et que je lui fais.

―――

A M. le Comte de B....

Monsieur, puisque j'ai eu tort, est-ce les bras ou l'épée qu'il faut que je vous tende?

―――――

LE PRINCE RECONNAISSANT.

Le Duc de Berry à M. S...... en débarquant à Cherbourg.

Si je vous reconnais, mon cher S.....! Ne portez-vous pas sur le front la cicatrice honorable d'une blessure que vous avez reçue à la bataille de......?

A M. Le Masson qui avait donné au Prince des leçons de dessin.

Mon cher Le Masson, que je suis aise de vous voir! Vous n'êtes pas changé : il me semble que nous sommes encore à Beauregard........

Allons, allons, n'y pensez-plus, me voilà, et nous ne nous quitterons plus : *c'est entre nous à la vie, à la mort !*

Au Préfet du Nord.

Dites à tous vos bons Lillois combien je les aime.

Au Corps municipal de la ville de Béthune.

Nous n'oublierons jamais l'accueil que nous avons reçu ici.

A M. Duplaquet, Maire de Béthune.

M. Duplaquet, vous n'avez oublié qu'une chose dans vos discours : vous n'y parlez pas des services que vous nous avez rendus.

En apprenant la mort du Prince de Condé.

Pleurons, nous avons perdu notre vieux drapeau blanc.

A M. Dupuytren.

Je suis bien touché de vos soins ; mais ils sont superflus, ma blessure est mortelle.

———

A M. de Nantouillet.

Venez, mon vieil ami, je veux vous embrasser avant de mourir.

———

Au vieux Docteur Ami.

Parlez, parlez, vous devez savoir que j'ai pour vous l'oreille du cœur.

~~~~~~~~~~

LE PRINCE BIENFAISANT.

———

Le Duc de Berry, à la femme d'un Officier émigré qui fit présenter à S. A. R. un tableau qu'elle voulait vendre.

Je ne veux point la priver d'un objet qui lui est agréable, mais dites à Madame D.... que je la prie d'accepter mille francs de la main d'un des frères d'armes de son époux.

———

A un Militaire blessé à la bataille de Vaterloo.

Va, mon ami, rentre dans ta patrie, et dis à tes camarades que c'est le Duc de Berry qui a mis le premier appareil sur ta blessure.

———

A un vieux cocher.

J'ajoute douze cents francs à ta pension ; mais je t'en prie, mon vieux, repose-toi.

———
~~~~~~~~~~

A un nommé Joseph, homme de peine du Palais de S. A. R.

Joseph, je double tes gages ; et si tu as de la peine, je veux aussi que tu aies du profit.

A un vieil Officier.

Le Roi vous donnera une pension. Vous voyez bien que j'ai mes sûretés ; je puis vous prêter, et je vais vous payer votre pension d'avance.

A une vieille Dame qui cherchait à s'approcher de lui.

Vous oubliez, Madame, de me donner votre placet.

LE PRINCE CHARITABLE.

Le Duc de Berry en allant surveiller la distribution des soupes économiques.

Ils ne m'attendent pas, disait ce second Henri, et je m'assurerai ainsi, si mes pauvres ont une nourriture bonne et copieuse.

A M. Le Cordier, Maire du premier arrondissement.

M. le Maire, quand vos pauvres auront besoin de moi, ne m'épargnez pas.

Au même.

Vous m'en voulez-donc, mon cher Le Cordier ?..... C'est qu'il y a long-temps que vous ne m'avez rien demandé pour vos indigens.

---

(42)

Au Maire de la ville de Vouziers

M. le Maire, n'ayant pu prévenir les malheurs dont la France est accablée, Madame la Duchesse de Berry et moi seconderons les intentions du Roi, en faisant toujours notre bonheur de les réparer.

En faisant expédier 1000 fr. à un établissement de charité de la ville de Lille.

Je ne puis faire davantage, car je ne suis pas si riche qu'on le croit : la France a beaucoup souffert, et *nous* avons bien des charges.

Le 13 février, en envoyant 1000 fr. au bureau de Charité.

C'est fort bien ; mais, pendant que les riches s'amusent, il faut que les pauvres vivent.

Au père d'un enfant de la campagne.

Tiens, achète-lui un âne, et qu'il ne porte plus de si lourds fardeaux.

A Bayeux, au milieu de la foule.

Messieurs, cherchons le sabot de ce pauvre enfant ; il ne faut pas que ma présence à Bayeux puisse affliger quelqu'un.

LE BON PÈRE.

Le Prince à la gouvernante de la jeune Princesse.

Désormais, je viendrai deux fois le matin embrasser ma fille.

Dans ses derniers momens.

Ma fille, et M. l'Évêque d'Amiclée.

———

Après avoir béni MADEMOISELLE

Pauvre enfant ! puisse-tu être moins malheureuse que ceux de ta famille !

~~~~~~~~~~~~

LE TENDRE ÉPOUX.

———

Le Prince à une jeune fille qui, admirant la Du-chesse de Berry, disait à ses compagnes : Comme elle est belle !

Elle est plus que belle, dit S. A. R., elle est bonne; ainsi il faut bien l'aimer.

———

A la Princesse son épouse, qui prenait une pauvre fille sous sa protection.

Bien, ma bonne Caroline; j'aime à te voir augmenter notre famille.

———

En accompagnant la Princesse jusqu'à sa voiture.

Adieu, ma bonne Caroline; je te rejoindrai bientôt.

———

Dans la nuit désastreuse du 13 février.

Chère Caroline, calme ton désespoir; conserve-toi pour l'enfant que tu portes dans ton sein.

— Caroline, je meurs heureux, je meurs dans tes bras.

~~~~~~~~~~

LE HÉROS CHRÉTIEN.

Le Prince, dans la nuit du 13 février.

Ma fille ! M. l'Évêque d'Amiclée !

A Monseigneur le Duc d'Angoulême.

Mon frère, croyez-vous que Dieu me pardonne mes erreurs ?

Au Roi.

Sire, grâce pour *l'homme* qui m'a frappé ! grâce pour *l'homme* !

F I N.

De l'Imprimerie de Jean MARTEL le Jeune.